Lebenslauf
Tipps und Tricks

Franz Bauer

Das Werk einschließlich aller seiner Teile ist urheberrechtlich geschützt.

Jede Verwertung ist ohne Zustimmung des Autors unzulässig.

Das gilt insbesondere für Vervielfältigungen, Übersetzungen, Mikroverfilmungen und die Einspeicherung und Verarbeitung in elektronischen Systemen.

Der Autor weist ausdrücklich darauf hin, dass im Text enthaltene externe Links vom Autor nur bis zum Zeitpunkt der Buchveröffentlichung eingesehen werden konnten. Auf spätere Veränderungen hat der Verlag keinerlei Einfluss. Eine Haftung des Autors ist daher ausgeschlossen.

Meistens wurde der Text gendergerecht verfasst. Im Sinne einer besseren Lesbarkeit der Texte wurde aber manchmal entweder die männliche oder weibliche Form von personenbezogenen Hauptwörtern gewählt. Dies impliziert keinesfalls eine Benachteiligung des jeweils anderen Geschlechts.

Copyright © 2018 Franz Bauer, Wien
Umschlagfoto: pixabay
ASIN: 1983271276
ISBN: 9781983271274
Imprint: Independently published

Vorwort

In diesem Buch sind Erfahrungen aus über 15 Jahren als Karriere- und Bewerbungsberater eingeflossen. Auch meine Erfahrungen aus den Jahrzehnten davor als Unternehmensberater haben eine wichtige Rolle gespielt.

Durch meine Arbeit als Unternehmensberater habe ich eine Vielzahl von Unternehmen kennengelernt und gesehen, wie diese intern „ticken". Auch einige Personalabteilungen zählten zu meinen Kunden.

Als Führungskräfte-Berater waren oft auch Personalauswahl und Mitarbeiterführung Themen in den Beratungen, so habe ich aus erster Hand erfahren, worauf dieser Personenkreis Wert bei der MitarbeiterInnenauswahl legt.

Seit 2005 habe ich viele Personen als Karriere- und Bewerbungsberater begleiten dürfen. Daher kenne ich die Sorgen und Nöte der BewerberInnen aus sehr vielen Beratungsgesprächen.

Diese Erfahrungen aus den unterschiedlichen Sichten sind in diesem Buch zusammengeflossen.

Inhaltsverzeichnis

Der Aufbau des optimalen Lebenslaufs	11
Allgemeine Formatierungsregeln	13
Kopf- und Fußzeile	15
Lebenslauf – chronologisch oder nach Kompetenzen	17
Lebenslauf – Stellenbeschreibung und Tätigkeiten	19
Lebenslauf - Beispiele	24
Gibt es den EINEN Lebenslauf, der optimal für ALLE Bewerbungen ist?	37
Worauf Recruiter und Personalisten achten!	41

DANKSAGUNG

Dieses Buch konnte nur entstehen, weil ich in den letzten Jahrzehnten viele Menschen ein Stück ihres Lebensweges als Berater begleiten durfte.

Bei ihnen möchte ich mich bedanken, dass sie mir so viel Vertrauen entgegengebracht haben!

Lebenslauf

Der Aufbau des optimalen Lebenslaufs

Der hier beschriebene Aufbau hat sich in der Praxis weitgehend durchgesetzt:

Persönliche Daten (mit Foto)
Berufliche Erfahrungen/Berufsweg
Ausbildung/Weiterbildung
Persönliche Eigenschaften
Hobbys/Interessen/Ehrenamtliches

Nach Ihren persönlichen Daten stellen Sie in **strukturierter, gut lesbarer** Form Ihre beruflichen Stationen und Ihren Ausbildungsweg dar.

Ein **professionelles** Foto positionieren Sie rechts oben.

Beginnen Sie mit den **aktuellsten beruflichen Erfahrungen** (MM/JJJJ - MM/JJJJ, Stellenbezeichnung, Firma, wichtigste Aufgaben/Tätigkeiten). Konzentrieren Sie sich auf jene Tätigkeiten, die Sie gewinnbringend bei der neuen Stelle verwenden können.

Führen Sie Ihren **Ausbildungsweg** an, beginnen Sie wieder mit der letzten Ausbildung. Nennen Sie auch die wichtigsten fachspezifischen Aus- und Weiterbildungen.

Hobbys/Interessen brauchen Sie nur dann anführen, wenn Sie einen Bezug zur neuen Firma oder Stelle haben. In letzter Zeit gibt es die Tendenz, dass zur Abrundung des Persönlichkeitsprofils
eines/r Bewerbers/in Hobbys gewünscht werden.

Führen Sie nun drei bis vier **persönliche Eigenschaften** an, die Sie im Berufsleben auszeichnen!

Wie lange darf der Lebenslauf sein?
Viele Bewerbungsratgeber sagen, dass ein Lebenslauf nicht länger als 2 Seiten sein darf. Viel wichtiger als diese Beschränkung ist aber, dass alle entscheidungsrelevanten Inhalte im Lebenslauf gut strukturiert dargestellt werden.

Bei einem Berufsanfänger wird sicherlich ein einseitiger Lebenslauf Platz genug für alle wichtigen Informationen bieten. Aber je länger Ihr Berufsleben ist, je umfangreicher Ihre Ausbildungen sind, umso länger wird auch der Lebenslauf werden.

Als Faustregel gilt: Zwei Seiten für jeweils zehn Jahre Berufserfahrung
Kein/e Personalist/in, der/die Sie am Ende der zweiten Seite Ihres Lebenslaufs für eine/n tollen Bewerber/in hält, wird das Dokument beim Anblick einer dritte Seite verärgert aus der Hand legen.

Daher achten Sie viel mehr darauf alle für den neuen Arbeitgeber/in **wichtigen Daten** bestens aufzubereiten. Umkehrschluss: Alles was für die Entscheidung, ob Sie der/die Richtige sind, nicht relevant ist, können sie weglassen!

Allgemeine Formatierungsregeln

Grundsätzlich gilt: Inhalt geht vor Layout!

Schriftarten:
Die Klassiker sind Arial, Calibre, Times New Roman. Verzichten Sie auf jeden Fall auf verschnörkelte Schriftarten. Schreiben Sie alle Unterlagen mit der gleichen Schriftart. Da ergibt eindeutig ein besseres, weil einheitlicheres, Schriftbild.

Schriftgröße:
Je nach gewählter Schriftart wählen Sie zwischen 11 und 12 Punkten. Nur bei Überschriften können Sie bis maximal 16 Punkten, in Ausnahmefällen bis 18 Punkten vergrößern.

Farben/kursiv/fett/unterstrichen:
Verwenden Sie diese Formatierungsmöglichkeiten sehr sparsam. Kombinieren Sie diese Hervorhebungen nicht. Heben Sie nur die wichtigsten Begriffe/Wörter mit einer einheitlichen Formatierung hervor. Das gilt auch für das Bewerbungsschreiben. Bleiben Sie einheitlich!

Zeilenabstand:
Wählen Sie für alle Bewerbungsunterlagen den gleichen Zeilenabstand. Mit dem einzeiligen Abstand wird das gesamte Schriftbild gut gegliedert und leicht lesbar.

Blocksatz oder linksbündig:
Im Anschreiben können Sie beides verwenden. Im Lebenslauf wird es häufig jedoch wegen Aufzählungen und kürzeren Beschreibungen besser aussehen, wenn Sie linksbündig schreiben.

Farben:
Verwenden Sie Farben nur sehr sparsam. Neben der Schriftfarbe schwarz (oder dunkles grau), beschränken Sie sich beispielsweise auf blau/grün/bordeaux Töne (eine Farbe davon!). Keine grellen Signalfarben verwenden. Achten Sie dabei unbedingt auf gute Lesbarkeit!

Kopf- und Fußzeile

Für ein einheitliches Layout der Bewerbungsunterlagen sind informativ gestaltete Kopf- und Fußzeilen wichtig. Name, Anschrift, Telefonnummer und E-Mail-Adresse sollten hier angeführt werden.

Es gibt unterschiedlichste Varianten, von einzeilig bis vierzeilig, rechts-/linksbündig oder zentriert.

Je nach gewähltem Layout kann die Kopfzeile mit einem Rahmen unter dem Absatz formatiert werden.

Beispiel: zentriert, 4-zeilig

Ingeborg Musterfrau
Neue Kremser Straße 3
1465 Musterort
Telefon: 0123/122333
E-Mail: Musterfrau@provider.at

Beispiel: zentriert, 3-zeilig, Rahmen unten

Ingeborg Musterfrau
Neue Kremser Straße 3, 1465 Musterort
Telefon: 0123/122333

Beispiel: rechtsbündig, 3-zeilig

Ingeborg Musterfrau
Neue Kremser Straße 3
1465 Musterort
Telefon: 0123/122333

Beispiel: linksbündig, 3-zeilig, Rahmen unten

Ingeborg Musterfrau
Neue Kremser Straße 3, 1465 Musterort
Telefon: 0123/122333
___

In der Fußzeile sollte bei mehrseitigen Bewerbungsunterlagen auch eine Seitennummerierung angeführt werden.

Lebenslauf – chronologisch oder nach Kompetenzen

Tipps für die chronologische Gestaltung

In den meisten Fällen ist es vorteilhaft die beruflichen Stationen und die Ausbildungen mit der aktuellsten beginnend anzuführen.

Achten Sie dabei auf Lücken!

Füllen Sie diese Lücken mit sinnvollen Aktivitäten.

Grundsätzlich sollten Sie bei der Wahrheit bleiben, auch wenn kurze Lücken kaschiert werden können.

Lange Zeiträume zu kaschieren hingegen ist wenig sinnvoll, da sie spätestens im Vorstellungsgespräch ohnehin zur Sprache kommen. Dennoch gibt es eine Reihe von Hilfsmitteln, die dafür sorgen, dass Lücken nicht sofort ins Auge springen.

Arbeitslosigkeit ist der häufigste Grund für längere Lücken. Unabhängig davon, welche Gründe zur Arbeitslosigkeit geführt haben, sollte dieses Wort durch „arbeitssuchend" oder „aktive Arbeitssuche" ersetzt werden.

Bei längerer Arbeitslosigkeit oder bei privat begründeten Auszeiten bietet sich überdies die Formulierung „berufliche Neuorientierung" an. Beide Formulierungen vermitteln dem Arbeitgeber, dass trotz Nicht-Berufstätigkeit Aktivität vorlag.

Die Stationen innerhalb des Lebenslaufes sollten immer unter Angabe von Monat und Jahr erfolgen. Wenn Sie nur die Jahreszahlen angeben, wird das sehr häufig als Verstecken von längeren Lücken gedeutet.

Steht beispielsweise vor einer beruflichen Station nur das Jahr, dann kann das als ein Monat oder ein ganzes Jahr gedeutet werden. Steht 2017 2018, dann können das zwei volle Jahre gewesen sein oder auch nur 12/2017 – 01/2018. Wieder wird eher angenommen werden, es waren nur zwei Monate.

Wann empfiehlt sich ein kompetenzenorientierter Lebenslauf

Bei häufigem Stellenwechsel und vielen unterschiedlichen Firmen sollten Sie einen eigenen Abschnitt an den Beginn des Lebenslaufes stellen. In diesem Abschnitt fassen Sie Ihre wichtigsten beruflichen Erfahrungen, Kompetenzen und Ausbildungen zusammen. Klar strukturiert und übersichtlich.

Dieser Abschnitt muss auch eine prägnante Überschrift bekommen:

      Meine Kernkompetenzen
      Meine Erfahrungen und Qualifikation
      Meine Leistungsübersicht
      Meine wichtigsten beruflichen Erfahrungen und Ausbildungen
      Warum ich der/die Richtige bin!

Diese angeführten Kompetenzen und Erfahrungen sollte auch unbedingt mit den wichtigsten Anforderungen der ausgeschriebenen Stellen übereinstimmen! Die dazu passenden Arbeitsstellen fassen Sie dann passend zusammen.

Lebenslauf – Stellenbeschreibung und Tätigkeiten

Neben den Zeitangaben von wann bis wann Sie bei welcher Firma gearbeitet haben, sind auch die Bezeichnung der Stelle und die dazu gehörigen Tätigkeiten besonders wichtig.

Verwenden Sie bei der **Stellenbezeichnung** nur allgemein bekannte Begriffe, keine firmeninternen Stellenbezeichnungen. Diese speziellen internen Bezeichnungen sind für firmenexterne oft nichtssagend! Die bekannte Stellenbezeichnung sollte übrigens auch im Dienstzeugnis verwendet werden.

Der gleiche Grundsatz gilt auch bei der Beschreibung der **Tätigkeiten**, die Sie gemacht haben.

Bei den Tätigkeiten ist auch auf eine Quantifizierung zu achten!

Beispiele:
Führung von 5 MitarbeiterInnen
Verantwortlich für 500 Bestandskunden
Jährliche Steigerung des Umsatzes um x%
Senkung der Kosten in meiner Filiale um x% / Jahr

Aber auch die unter jeder Stelle angeführten **berufstypischen** Beschreibungen der Tätigkeiten müssen möglichst aussagekräftig sein!

Beispiele für berufstypische Aufgaben und Tätigkeiten

Kaufmännische Berufe/Bürotätigkeiten
Termine für Vorgesetzte planen
AnsprechpartnerIn für andere Abteilungen, Kunden und Lieferanten
Geschäftsbriefen und E-Mails schreiben
Protokolle verfassen
Post bearbeiten (Ein-/Ausgang)
Konferenzen und Sitzungen vorbereiten sowie die dazu benötigten Unterlagen (z.B. Sitzungsprotokolle, Geschäftsberichte, Statistiken)
Vorbereitung von Präsentationen und Unterlagen
Koordinationsaufgaben
Planung und Koordination von Events, Reisen, Messen
Reiseplanung
Reisekosten abrechnen
Hotel- und Flugbuchungen
Schriftlich oder telefonisch Angebote von Lieferanten einholen
Empfang von Kunden und Lieferanten
Erstellung, Wartung und Pflege unserer Kunden- und Lieferantendaten
Lieferverträge ausarbeiten
Rechnungen kontrollieren
Buchhaltungsunterlagen vorbereiten
Sortierung und Verbuchung von Belegen
Erstellung von Umsatzsteuervoranmeldungen inklusive elektronische Einreichung beim Finanzamt
Angebote erstellen

Kunden- und Lieferantenkartei führen Werbe- und Informationsmaßnahmen durchführen (Newsletter vorbereiten und versenden)
Reparaturen und Instandhaltungsarbeiten im Betrieb planen/organisieren und kontrollieren
Ablage und Archivierung durchführen
Handkasse verwalten
Unterlagen für Neueinstellungen, Kündigungen, Beförderungen der MitarbeiterInnen des Betriebes vorbereiten
Änderungen von Dienstverträgen durchführen
Zeitaufzeichnungen führen
Löhne und Gehälter überweisen
An- und Abmeldungen bei den Krankenkassen

Typische Aufgaben in der Buchhaltung:
Geschäftsvorfälle verbuchen mit SAP, BMD, Lexware, WISO o.a.
Durchführung der laufenden Buchhaltung bis zur Rohbilanz
Laufende Buchungen in Haupt- und Nebenbüchern
Laufende Prüfung der gebuchten Belege im System
Zahlungen veranlassen
Kontenabschlüsse erstellen
Steuerliche Rechtsvorschriften beachten
Kontrolle der Einhaltung entsprechender Rechtsvorschriften
Mahnwesen
Monatliche Auswertungen
Beratung mit Geschäftsführung bei Unstimmigkeiten (z.B. mit Rechnungen)
Anlagenbuchhaltung durchführen

Debitorenbuchhaltung durchführen (offene Forderungen eines Unternehmens erfassen und verwalten)
Kreditorenbuchhaltung durchführen (Bestellungen verbuchen u.ä.)
Vorbereitende Tätigkeiten für den Jahresabschluss für den Steuerberater
Bilanz vorbereiten und abschließen

Metallbearbeitende Berufe
Technische Unterlagen lesen und anwenden (Konstruktionszeichnungen und -pläne, technische Beschreibungen und Anleitungen)
Skizzen von Werkstücken und Konstruktionen anfertigen
Drehen, Fräsen sowie maschinelle Blechbearbeitung
Maschinenelementen und Bauteilen ein- und ausbauen
Maschinen und Geräten zerlegen und Instand setzen
Werkzeuge reparieren und herstellen
Durchführung von technischen Wartungen
Reparatur und Instandhaltung unserer Produktionsmaschinen
Vorbereiten, Einrichten und Bedienen von Fräs- bzw. Drehmaschinen
CNC-Dreh-/Fräsmaschine betreuen und bedienen
Programmieren und Rüsten von Fräsmaschinen im Einzel- und Kleinserienbereich
Erfahrung in der Bearbeitung großer Werkstücke
Erstellung der CNC Programme
Rüsten und Einfahren der Bauteile
Auswahl der Schnittparameter und Werkzeuge
Messen von Werkstücken

Bedienung von CNC-Maschinen mit Heidenhain-Steuerung
Maschinensteuerungskenntnisse Heidenhain, FANUC und Siemens
CNC- Programmieren (nach Zeichnung, offline oder an der Maschine)
CAD/CAM-Kenntnisse
Werkzeugvermessung und Messmitteleinsatz
CNC-Dreh-/Fräsmaschinen rüsten (u.a. Vermessen, Abnullen und Auszentrieren von Werkzeugen)

Einzelhandel/Verkauf
Waren verkaufen
KundInnen beraten
Verkaufsgespräche führen
KundInnen bei der Auswahl der Waren unterstützen
Kassatätigkeiten
Reklamationen bearbeiten
Waren übernehmen und kontrollieren
Schaufenster und Kundenraum gestalten
Regale betreuen
Waren präsentieren (Visual Merchandising)
Imbisse vor- und zubereiten
Kaffee zubereiten
Bachwaren zubereiten
Verkostungen durchführen
Sortiment gestalten

Machen Sie bei jeder Bewerbung folgenden Check:
Sind alle Tätigkeiten, die im Inserat stehen und ich Erfahrungen habe, auch tatsächlich angeführt?
Sind alle entscheidungsrelevanten Tätigkeiten genügend genau ausgearbeitet?

Lebenslauf - Beispiele

```
                        Lebenslauf
        ─────────────────────────────────

        Persönliche Daten
                    Name:    xxxxxxxxxxxxxxxx
            Geburtsdatum:    25. November 1995
         Staatsbürgerschaft: Österreich
            Familienstand:   ledig
            Präsenzdienst:   abgeleistet/befreit

        Berufserfahrung
        08/2016 – 10/2016    Stell
                             Firm, PLZ Ort

        Ausbildung
        09/2006 – 06/2007    Polytechnische Schule, PLZ Ort
        09/2002 – 06/2006    Hauptschule, PLZ Ort
        09/1998 – 06/2002    Volksschule, PLZ Ort

        Zusatzkenntnisse
                    EDV:     MS Word, MS Excel, MS PowerPoint (gute Kenntnisse)
              Sprachen:      Englisch (sehr gute Kenntnisse)
                             Serbisch (gute Kenntnisse)
            Führerschein:    Klasse A, B, C

        Persönliche Eigenschaften
        Xxxxx xx, xxxxx xxxxxx, xxxxxx xx

                                            Ort, 23. Juni 2018
                             ─────────────────────
```

Anmerkung:
Bei den folgenden Lebensläufen sind manche Abstände, Einzüge und Formatierungen nicht optimal dargestellt.

Lebenslauf

Vorname Zuname
Mustergasse 12/3
1234 Musterort
☐ vorname.zuname@provider.at
☐ 0123/456 78 90

Übersicht der ausgeübten Tätigkeiten

Langjährige Erfahrung und fundierte Kenntnisse
in allen XXXXXXaufgaben
Lore ipsum
Lore ipsum
Lore ipsum

Persönliche Daten

Geboren: TT.MM.JJJJ, Ort
Staatsbürgerschaft: xxxxxxxx
Familienstand: xxxxxxxx

Beruflicher Werdegang

MM/JJJJ – lfd.: XYZ AG, 1234 Ort
Bilanzbuchhalterin
Monatliches Reporting an den Konzern
Sämtliche Bilanzbuchhaltungsaufgaben
Debitoren-Buchhaltung
Fuhrpark-Verwaltung

MM/JJJJ – MM/JJJJ: Firmenname, 1234 Ort
Stellenbezeichnung
Tätigkeit 1
Tätigkeit 2
Tätigkeit 3

Schul- und Weiterbildung

MM/JJJJ: Prüfung zur xxxxxxxxxx,
Ausbildungsinstitut, 1234 Ort
MM/JJJJ: xxxxxxxxprüfung,
Ausbildungsinstitut, 1234 Ort
MM/JJJJ: Studium der XXXX
abgeschlossen mit xxxxx)
Universität XXXX, 1234 Ort

EDV- Kenntnisse
MS Office (sehr gute Kenntnisse)
SAP FI/CO, MM (sehr gute Kenntnisse)

Sprachkenntnisse
Englisch (sehr gut in Wort und Schrift)
Italienisch (Grundkenntnisse)

Ort, TT:MM.JJJJ

Lebenslauf

Vorname Zuname
Musterstraße 123
1234 Ort
Telefon: 0043 / 1234 / 567 89
Mobil: 0043 124 / 456 78 90
E-Mail: vornam.zuname@provider.at

Kernkompetenzen:

Sanierungs- und Restrukturierungsmanagement
Standortübergreifendes, internationales
Prozessmanagement
Operatives Management
Relationship Management
Change Management
Team-Führung & -Entwicklung
Outsourcing
Produktionsverlagerungen und Standortaufbau
Kosten-Effizienzmanagement
Budgetierung
P&L-Verantwortung

Charakteristik:

Innovativer, zielstrebiger, kontaktfreudiger Operations Leader.
Mehr als 30-jährige Berufserfahrung in internationalen Unternehmen unterschiedlichster Branchen in den Bereichen Logistik, Qualitätsmanagement, Produktion und Entwicklung.
Karriere vom Abteilungsleiter bis zum Bereichsleiter

Berufliche Stationen:

MM/JJJJ – MM/JJJJ: COO der XYZ Holding AG

Umsatz: 600 Mio. Euro
Mitarbeiter: 3100

Besondere Erfolge:
Abwicklung von erfolgreichen Turn-Around-Projekten unter komplexen Rahmenbedingungen
Einführung einer Fertigungssteuerung zur Sicherstellung der Produktion
Einführung eines kennzahlbasierten Reportsystems über alle operativen Abteilungen als „Frühwarnsystem"
Integration neuer Produktionsstandorte
Rückverlagerung der Chinaproduktion in die eigenen Werke
Nachhaltige Ergebnisverbesserung um mehr als 9,0 Mio. p.a.
EBIT-Marge nachhaltig auf 10% gehoben

MM/JJJJ – MM/JJJJ: Bereichsleiter, ABC AG

Umsatz: 300 Mio. Euro
Mitarbeiter: 1650

Besondere Erfolge:
Neuausrichtung der Unternehmensprozesse in den Bereichen Logistik, Produktion, Entwicklung und Qualitätsmanagement über fünf Standorte
Strategische Optimierung und Erweiterung Produktpalette im stark wachsenden Segment XXXXX
Verdopplung der XXXXXXXXXX durch YYYYYYYYYYYY

Lebenslauf

Zur Person:

Geboren am TT.MM.JJJJ in xxxxxx,
verheiratet, 2 Kinder
Österreichische Staatsbürgerschaft

Weiterbildungen:

MM/JJJJ: XXXX Training , Anbieter, Ort
MM/JJJJ: XXXX Training , Anbieter, Ort

Ausbildung:

MM/JJJJ – MM/JJJJ: Studium Maschinenbau,
Technische Universität Ort, 1234 Ort
Abschluss mit Magister
MM/JJJJ – MM/JJJJ: Höhere Technische Lehranstalt für
Maschinen- und Kraftfahrzeugbau, 1234 Ort
MM/JJJJ: Matura

Sprachen:

Englisch (verhandlungssicher)

EDV-Kenntnisse:

MS Office (sehr gute Kenntnisse)
MS Project (sehr gute Kenntnisse)
SAP MM, FI/CO, HR (sehr gute Kenntnisse)

Franz Bauer

Lebenslauf

Vorname Zuname
Mustergasse 3/21, 1234 Ort
Mobil: +43 (0) 664 123 45 67
E-Mail: vorname.zuname@provider.at

Kernkompetenzen
Sales und Marketing Leadership
Business Development (Fokus CEE)
Betriebliche Organisationsentwicklung, Reorganisation
Change Management - Expansion
Mitarbeiterführung und Mitarbeiterentwicklung

Berufliche Entwicklung
MM/JJ – MM/JJ: **Firmenname Europe Limited**,
London, United Kingdom
Group Country Manager Central Group (Austria, CEE)
Mitarbeiterführung und -entwicklung in 4 Business Units
4 Manager, 28 Mitarbeiter, Sales Force Development,
Coaching, Development & Succession Planning
Strategische Geschäfts- und Organisationsentwicklung der Gruppe
Finanzierungsprojekte und jährliche Geschäftsplanung

Wichtige Fortbildungen

MM/JJ – MM/JJ: Veranstaltung, Anbieter, 1234 Ort
MM/JJ – MM/JJ: Veranstaltung, Anbieter, 1234 Ort

Ausbildung
MM/JJ – MM/JJ: Universität Ort,
Studium XXXXXXX
Abschluss mit Master (mit Auszeichnung)

Weitere Kenntnisse
Fremdsprachen
Englisch (verhandlungssicher)
Spanisch (sehr gute Kenntnisse

Führerschein
Klasse B

Persönliche Daten
Geburtsdatum: TT.MM.JJJJ
Geburtsort: Wien
Staatsangehörigkeit: Österreich
Familienstand: verheiratet

Lebenslauf

Titel Vorname Zuname |
Geburtsdatum, -ort | TT.MM.JJJJ, Ort |
Adresse | Mustergasse 12/23, 1234 Ort |
Mobil | +43 (0) 123 12 34 56 78 |
E-Mail | vorname.zuname@xxxxx.com |

Berufliche Tätigkeit

MM.JJJJ – MM.JJJJ: Stellenbezeichnung |
Firmenname | 1234 Ort |
Tätigkeit 1|
Tätigkeit 2|
Tätigkeit 2|

MM.JJJJ – MM.JJJJ: Stellenbezeichnung |
Firmenname | 1234 Ort |
Tätigkeit 1|
Tätigkeit 2|
Tätigkeit 2|

Projekte

MM.JJJJ: Entwicklung einer Payment-Funktion |
im Auftrag von xxxx xxxxx – Software Design |
PHP, CMS Aurora | Netbeans |
Entwicklung einer Slideshow für www.xxxxxxx.ch |
im Auftrag von xxxxxxx – Software Design |

MM.JJJJ – MM.JJJJ: Erstellung des Internetauftritts von xxxxxdesign |
JavaScript, Flash, Actionscript, Papervision 3D |

Weitere Qualifikationen

Führerschein:
Klassen A, B |

Sprachen:
Deutsch – Muttersprache |
Englisch – in Wort und Schrift |
Spanisch – Grundkenntnisse |

Ausbildung

MM.JJJJ – laufend: ICSS (Informations- und Kommunikationssysteme) |
FH Technikum Wien | berufsbegleitend |

MM.JJJJ – MM.JJJJ: English Advanced |
Wall Street Institute, München |

MM.JJJJ – MM.JJJJ: Höhere technische Lehranstalt | 1234 Wien | Diplom- und Reifeprüfung (Fachabitur) |

Aktivitäten

Programmieren | Radfahren | Lesen |
Videoaufzeichnung mit semiprofessioneller Videokamera

Lebenslauf

Persönliche Daten

Name: Vorname Zuname
Anschrift: Musterstraße 12/3, 1234 Ort

Telefon: 043 1 111222333
E-Mail: vorname.zuname@webprovider.at

Geburtsdatum: TT.MM.JJJJ
Geburtsort: xxxxxxxxxxxx
Staatsangehörigkeit: deutsch
Familienstand: verheiratet, keine Kinder

Beruflicher Werdegang

seit MM/JJJJ: arbeitsuchend

MM/JJJJ – MM/JJJJ: **Sekretärin, XXX AG, 1234 Ort**
Korrespondenz mit Kunden und Lieferanten
Erledigung der Reisekostenabrechnungen

MM/JJJJ – MM/JJJJ:**Sekretärin, ZZZ AG, 1234 Ort**
Termine planen
Anfragen von Kunden bearbeiten
Schnittstelle zu anderen Abteilungen
Reklamationen bearbeiten

MM/JJJJ – MM/JJJJ: arbeitsuchend
nach Insolvenz des Werks

MM/JJJJ – MM/JJJJ: **Teamassistentin, XYZ KG**
Büroorganisation
Buchung von Geschäftsreisen
Erledigung der Korrespondenz mit Osteuropa
Anfertigung von Übersetzungen

Aus- und Weiterbildungen

MM/JJJJ: Durch Organisation den Chef entlasten
MM/JJJJ: Tricks bei der Geschäftsreiseplanung
MM/JJJJ: Vertiefungskurs PowerPoint
MM/JJJJ – MM/JJJJ:Ausbildung zur "Facharbeiterin für Schreibtechnik", VEB Nachrichtentechnik und Berufsschule, 1234 Ort
MM/JJJJ – MM/JJJJ: BRG Ort (Matura 12.6.JJJJ)

Kenntnisse und Fertigkeiten

Sprachen
Russisch: fließend in Wort und Schrift
Polnisch: gute Kenntnisse
Englisch: Grundkenntnisse

EDV-Kenntnisse
Microsoft Office: sehr gute Kenntnisse
(ECDL advanced)

Führerschein
Klasse B

Ort, TT.MM.JJJJ

Lebenslauf

Persönliche Daten:

Name: Vorname Zuname
Adresse: Musterweg 23, 1234 Ort
Geburtsdatum: TT.MM.JJJJ

Beruflicher Werdegang:

MM/JJJJ – MM/JJJJ: Fortsetzung des Studiums der Wirtschaftsinformatik, Universität, 1234 Ort
Diplomarbeit: "Technische Lösungen zur Implementierung spezialisierter Kassensoftware im Getränkeeinzelhandel."
Abschluss: Dipl.Ing.

MM/JJJJ – MM/JJJJ: 10-wöchiges Industriepraktikum, SAP AG, Walldorf
Konzeption und teilweise Programmierung von individualisierbarer Kassensoftware

MM/JJJJ – MM/JJJJ: Studium der Wirtschaftsinformatik, Fachhochschule, 1234 Ort

MM/JJJJ – MM/JJJJ: Grundwehrdienst, 1234 Ort

MM/JJJJ – MM/JJJJ: Gymnasium, 1234 Ort
Abschluss: Matura

Sprachkenntnisse:
Englisch (gute Kenntnisse), Französisch (Grundkenntnisse)

TT.MM.JJJJ, 1234 Ort

Gibt es den EINEN Lebenslauf, der optimal für ALLE Bewerbungen ist?

In meiner alltäglichen Beratungspraxis werde ich immer wieder mit dem Wunsch meiner KundInnen konfrontiert den optimalen Lebenslauf zu erarbeiten.

Gibt es überhaupt EINEN optimalen Lebenslauf?

Ich habe EINEN aus einem ganz bestimmten Grund GROSS geschrieben. Es kann sicherlich für EINE ganz KONKRETE Bewerbung den optimalen Lebenslauf, die optimalen Bewerbungsunterlagen geben. Aber dieser EINE Lebenslauf, der für eine ganz spezielle Stellenausschreibung erarbeitet wurde, ist nicht notwendigerweise auch für weitere Stellenausschreibungen optimal. Auf den Bewerbungsberatermarkt gibt es Anbieter, die für einige hundert Euro einen "optimalen" Lebenslauf verfassen. Sie brauchen nur einen vorhandenen Lebenslauf, Dienstzeugnisse und einen Fragebogen mit biografischen Daten beantworten und an den Berater senden und bald halten sie per Mail eine überarbeitetet Version. Sie dürfen sich auch ein Layout aus einer vorgegebenen Auswahl aussuchen.

Die so erstellten Lebensläufe sind sicherlich von der Optik, der Wortwahl und der grundlegenden Struktur sehr schön anzusehen.

Es stellt sich aber nun die Frage, sind so erstellte Lebensläufe (manche Berater erstellen mit dieser Vorgangsweise sogar Motivations-/Bewerbungsschreiben) tatsächlich für eine konkrete Stelle optimal sind.

Die Bewerbungsunterlagen sind die Eintrittskarte in das neue Unternehmen!

Dahinter steckt die Idee, dass es den entscheidenden Personen so leicht wie möglich gemacht werden muss zu erkennen, dass sie perfekt auf die ausgeschriebene Stelle passen. Die einzigen Entscheidungsgrundlagen dazu sind ihre Bewerbungsunterlagen.

Wie können wir nun Einfluss auf diese Entscheidung nehmen?

Wenn wir in den Bewerbungsunterlagen möglichst konkret auf die speziellen Anforderungen der ausgeschriebenen Stelle eingehen, die konkreten Verhältnisse des Unternehmens berücksichtigen und auf die konkreten Bedingungen eingehen, dann erfüllt eine Bewerbung, also Lebenslauf und Bewerbungsschreiben inkl. weiterer Anlagen, die Kriterien einer optimalen Bewerbung.

Diese Anforderungen kann ein Lebenslauf, der ohne zugrunde liegender konkreter Ausschreibung erstellt wurde, ex definitionem niemals erfüllen. Ein Anzug von der Stange passt auch nicht jedem Träger. Aber auch der maßgeschneiderte Anzug für den Opernball, passt nicht für die Gartenparty.

Muss ich nun für jede Bewerbung alles neu schreiben?

Auf jeden Fall ist es ein MUSS das **Bewerbungsschreiben** für jede Stellenausschreibung **NEU** zu schreiben. Natürlich können sie einzelne Passagen (zur Ausbildung, Schluss) wieder verwenden. Aber alle anderen Teile des Bewerbungsschreiben sind neu zu formulieren.

Immer mit dem Ziel:
Bringe ich die richtige Qualifikation und Berufserfahrung mit, um dem neuen Unternehmen optimalen Nutzen zu bringen (der natürlich höher sein muss, als mein gewünschtes Gehalt)?

Muss auch der Lebenslauf IMMER neu geschrieben werden?

Auch der Lebenslauf, es steckt schon im Wort "Leben" drinnen, lebt mit jeder neuen Bewerbung mit. Auch hier sind die bereits genannten Prinzipien der entscheiderInnen-orientierten Bewerbung zu beherzigen.

Die Grundstruktur (Persönlichen Daten, Berufserfahrung, Ausbildung usw.) kann natürlich immer gleich bleiben, auch das Layout.

Lassen Sie sich von diesen Frage leiten:

Was ist für das suchende Unternehmen wichtig?

Welchen Nutzen/Mehrwert bringe ich aufgrund meiner Erfahrungen und Qualifikationen dem suchenden Unternehmen?

Mit welchen Lösungsstrategien habe ich Erfolge erzielt, die auch für das suchende Unternehmen interessant sind?

Wenn sie mit Ihren Bewerbungsunterlagen Erfolg haben wollen, dann versenden Sie nur maßgeschneiderte Bewerbungen!

Es gibt NICHT den EINEN optimalen Lebenslauf oder das EINE optimale Bewerbungsschreiben!

Lebenslauf

Worauf Recruiter und Personalisten achten!

Recruiter und Personalisten achten bei der Durchsicht von Lebensläufen vor allem auf:

- die äußere Form (Fehlerfreiheit, Struktur, Lesbarkeit)
- die Übereinstimmung der Daten des Lebenslaufs mit den Daten Ihrer Zeugnisse
- fehlende Zeugnisse und Zertifikate (von Kenntnissen und Weiterbildungen)
- begonnene und abgeschlossene Ausbildungen (daher immer Abschluss anführen)
- eventuelle Lücken zwischen Ausbildungs- und Berufsabschnitten
- die Begründungen für Lücken (Arbeitssuche, persönliche Auszeit, ...)
- eine eventuelle Erkennbarkeit eines roten Fadens bei Stellenwechseln
- die Häufigkeit von Firmen- und Tätigkeitswechsel
- die Gründe für die Wechsel
- die durchschnittliche Verweildauer in Betrieben bei den bisherigen Beschäftigungen

ÜBER DEN AUTOR

Mag. Franz Bauer hat an der Wirtschaftsuniversität Wien Betriebswirtschaft studiert und danach viele Jahrzehnte als Unternehmensberater gearbeitet.

Seit 2005 ist er als selbstständiger Bewerbungs- und Karriereberater erfolgreich.

Dieses Buch entstand auf Basis der Erfahrungen aus sehr vielen Beratungen.

Diese Vielfalt an Erfahrungen aus unterschiedlichen Branchen, Führungskräfte von AbteilungsleiterInnen bis zu GeschäftsführerInnen, aber auch Schul- und StudienabgängerInnen, ältere Arbeitssuchende bis Führungskräfte auf dem Schritt zur nächsten Stufe auf der Karriereleiter, wurde in diesem Buch verarbeitet.

Weitere Informationen und Kontaktdaten finden Sie auf www.franz-bauer.at.

Von Franz Bauer ist auch ein Bewerbungsratgeber für Führungskräfte und Spezialisten erschienen:

Erfolgreich zum Top-Job:
Die besten Bewerbungstipps
praxisnah und kompakt
ISBN-10: 1980305781
ISBN-13: 978-1980305781

www.ingramcontent.com/pod-product-compliance
Lightning Source LLC
Chambersburg PA
CBHW031555210526
45464CB00003B/1304